LES

PARTAGES D'ASCENDANTS

AU POINT DE VUE FISCAL

PAR

LOUIS FOURNIÉ

AVOCAT A LA COUR D'APPEL DE PARIS

(Extrait de *LA RÉFORME SOCIALE*)

PARIS

AU SECRÉTARIAT DE LA SOCIÉTÉ D'ÉCONOMIE SOCIALE

54, RUE DE SEINE, 54

1896

SOCIÉTÉ INTERNATIONALE D'ÉCONOMIE SOCIALE

La Société, fondée par Le Play, s'est constituée le 27 novembre 1856, pour remplir le vœu exprimé par l'Académie des sciences, en couronnant l'ouvrage intitulé les *Ouvriers européens*. Elle applique à l'étude comparée des diverses constitutions sociales la méthode d'observation, dite des monographies des familles. Elle reproduit les monographies les plus remarquables dans le recueil intitulé les *Ouvriers des deux mondes*, et publie le compte rendu *in extenso* de ses séances dans la *Réforme sociale*, bulletin de la *Société d'économie sociale et des Unions*.

La *Société d'Economie sociale* se compose de *Membres honoraires* versant une cotisation de 100 francs par an, au minimum, et de *Membres titulaires* payant 25 francs. L'un et l'autre de ces deux prix donnent droit à recevoir la *Réforme sociale*, qui est adressée à tous les Membres deux fois par mois, le 1er et le 16 ; et les *Ouvriers des deux mondes* qui paraissent par fascicules trimestriels.

De 1865 à 1882 le *Bulletin* des séances forme 9 vol. in-8° avec tables méthodiques. La collection complète (rare) : 68 francs. — Depuis 1886, le *Bulletin* est remplacé par la *Réforme sociale*.

LES UNIONS DE LA PAIX SOCIALE

Les *Unions* ont pour but de propager et de mettre en pratique les doctrines de l'*Ecole de la paix sociale*. Elle sont réparties par petits groupes en France et à l'étranger. Leur action s'exerce par l'intermédiaire de CORRESPONDANTS locaux.

Les membres sont invités à transmettre au secrétariat général les faits qu'ils ont pu observer autour d'eux, ou les renseignements qui sont parvenus à leur connaissance. Ces communications sont, suivant leur importance, mentionnées ou reproduites dans la *Réforme sociale*.

Les *Unions* se composent de membres *associés* et de membres *titulaires*. Les membres *associés* versent une cotisation annuelle de 15 francs (France et étranger) qui leur donne droit à recevoir deux fois par mois la *Réforme sociale*, bulletin de la *Société* et des *Unions*. Les *membres titulaires* concourent plus intimement aux travaux qui servent de base à la doctrine des *Unions ;* ils payent, outre la cotisation annuelle, un droit d'entrée de 10 francs au moment de leur admission, et reçoivent, en retour, pour une *valeur égale* d'ouvrages choisis dans la *Bibliothèque de la paix sociale* et livrés au prix de revient.

Pour être admis dans les *Unions de la paix sociale*, il faut être présenté par un membre, ou adresser directement une demande d'admission au Secrétaire général. rue de Seine, 54, à Paris. — Les noms des membres nouvellement admissont publiés dans la *Réforme sociale*.

COMITÉ DE DÉFENSE ET DE PROGRÈS SOCIAL

La *Réforme sociale* publie *in extenso* la plupart des conférences faites sous auspices du *Comité de Défense et de progrès social*. Chacune des conférences de 1895 a été éditée, en vue de la propagande, en une brochure in-18 au prix de **Cinq centimes**. (Envoi *franco* à partir de 10 exemplaire).

LES
PARTAGES D'ASCENDANTS

AU POINT DE VUE FISCAL

PAR

LOUIS FOURNIÉ

AVOCAT A LA COUR D'APPEL DE PARIS

(Extrait de *LA RÉFORME SOCIALE*)

PARIS

AU SECRÉTARIAT DE LA SOCIÉTÉ D'ÉCONOMIE SOCIALE

54, RUE DE SEINE, 54

1896

LES PARTAGES D'ASCENDANTS

AU POINT DE VUE FISCAL

Dans une étude très approfondie (1), M. Hardy a marqué en excellents termes le rôle économique et social que le législateur de 1804 avait entendu réserver au partage d'ascendant ; il a dit dans quelle mesure l'interprétation donnée par la jurisprudence était enue paralyser son fonctionnement ; il a indiqué enfin les modifications qu'il conviendrait d'apporter au régime actuel de cette institution, en vue de rendre son accès plus facile et ses effets plus stables.

Mais, la question traitée sous cet aspect, il y a encore place, semble-t-il, pour quelques observations utiles, si on l'envisage au point de vue fiscal.

C'est un fait indéniable que l'impôt d'enregistrement pèse fort lourdement sur la circulation des valeurs et le règlement des intérêts patrimoniaux. Tous ceux qui s'occupent à suivre la répercussion de cet impôt sur le mouvement des affaires privées savent que la régularisation des rapports juridiques entre les particuliers se trouve souvent empêchée par les exigences du fisc et que par là bien des intérêts demeurent en souffrance. Tel renonce à poursuivre en justice la consécration ou la reconnaissance d'un droit, parce que le titre qui justifierait son action est passible d'une taxe excessive, eu égard à la valeur elle-même du droit contesté ou méconnu. Tel autre ne peut réaliser l'opération juridique qui mettrait fin à une situation irrégulière, parce que l'enregistrement obligatoire de l'acte à intervenir est trop coûteux.

Et voilà pourquoi il est intéressant de rechercher quel est le régime fiscal du partage d'ascendant, quelle influence il aura sur l'institution elle-même, quelles améliorations il comporte. C'est là, d'ailleurs, une question d'actualité, car le projet du budget de 1896 fait état d'une augmentation des taxes d'enregistrement

(1) Voir *la Réforme sociale*, 1er novembre 1895.

qui frappe sensiblement les partages d'ascendants (1) : et sur ce point encore nous aurons quelques observations à présenter.

Donc, quatre numéros d'étude :

I. — Régime fiscal. Historique. Législation actuelle.

II. — Analyse de la législation. Fondement des perceptions. Discussion : I. Argument de droit. II. Argument de fait.

III. — Conséquences économiques. Loi civile et loi fiscale : harmonie nécessaire.

IV. — Rôle et devoir du Parlement. Critique du projet de loi. Conclusion.

I

Durant les premières années qui suivirent la promulgation du Code civil, le partage d'ascendant fut traité sur le même pied que l'acte juridique sous lequel il se présentait, c'est-à-dire tantôt comme une donation, tantôt comme un testament. Comme testament, il était passible d'une taxe unique et fixe de 3 francs (2) et, comme donation, d'un droit proportionnel de 1,25 % pour les meubles et de 2,50 % pour les immeubles, sans préjudice, en ce qui concerne les immeubles, de la taxe supplémentaire de 1,50 %, si l'acte était présenté à la formalité de la transcription. Mais, dans aucun cas, le droit de soulte ne pouvait être perçu, ce droit de soulte qui grève plus particulièrement les partages d'ascendants, comme il sera démontré dans la suite.

En 1824, le législateur, pensant, à bon droit, que le moyen le plus sûr de développer cette institution, c'était d'alléger les charges qui la grevaient, abaissa les droits perçus sur le partage d'ascendant entre vifs jusqu'à la taxe la plus faible qui fût perçue alors, en matière de mutation à titre gratuit entre vifs ou par décès, soit 0,25 % pour les meubles et 1 % pour les immeubles. A l'égard du partage d'ascendant par acte testamentaire, il ne fut rien changé.

Bien qu'aucune modification n'eût été apportée par la loi nou-

---

(1) Cet article était écrit et composé avant le vote du budget de 1896 ; mais il n'a rien perdu de son actualité, puisque la réforme des droits de succession, distraite du budget et votée seulement par la Chambre des députés, n'est pas encore venue en discussion devant le Sénat. — (*Note du Secrétariat.*)

(2) Elevée à 5 francs par l'art. 45, 2°, loi du 28 avril 1816.

velle en ce qui concerne le droit de soulte, la régie, néanmoins,
entreprit de faire décider par la jurisprudence que le droit proportionnel (1) perçu sur les soultes des partages ordinaires, s'appli-
quait également aux soultes des partages d'ascendants. Elle pré-
tendait fonder son opinion sur le caractère réel du partage
d'ascendant, en soutenant que l'analyse retrouvait dans l'acte
entre vifs comme dans l'acte testamentaire, deux éléments essen-
tiels et irréductibles, savoir : l'ouverture d'une succession, d'un
côté, un partage de biens entre les successibles, de l'autre ; et que
chacune de ces opérations juridiques devait supporter la taxe
propre à laquelle elle se trouvait assujettie, en vertu des règles
générales de la perception. Je me contente pour le moment de
retracer à grands traits la doctrine de la régie sur cette question,
me réservant d'y revenir plus longuement lorsqu'il conviendra (2).

Quelques tribunaux se rallièrent à cette doctrine ; mais la plupart résistèrent, et la Cour de cassation, saisie, rejeta les prétentions de la régie par un arrêt de la chambre civile du 21 mai 1844.
Car, en ce temps, il semble que l'interprétation des lois fiscales
se trouvait nécessairement tempérée par la modération même des
dépenses publiques.

Ce régime fonctionna jusqu'en 1850. Mais à cette date survinrent
des embarras financiers et le Trésor dut créer des ressources nouvelles. La régie présenta alors son système que le gouvernement
s'empressa d'accepter, trouvant là un moyen fort simple d'établir
un impôt nouveau et de dissimuler la mesure fiscale sous les
apparences d'une œuvre d'équité. Voici, en effet, dans quels termes
s'exprimait le rapporteur : « L'un et l'autre — il s'agit de deux
projets de loi — se bornent à faire disparaître dans la perception
des droits d'enregistrement *quelques anomalies ou inégalités* que la
pratique a fait découvrir et à *détruire quelques privilèges* qui ne peuvent plus se justifier aujourd'hui. *Comme conséquences financières*, les
recettes du budget doivent y trouver chaque année *une augmentation
évaluée à 17 millions.* »

Ces artifices de langage qui n'avaient pu tromper la Cour de
cassation furent pour l'Assemblée nationale des arguments décisifs
et ainsi fut voté l'article 5 de la loi du 18 mai 1850, lequel a assi-

(1) Les droits de soulte varient suivant que la soulte est le prix de créances,
d'objets mobiliers ou d'immeubles. V. *infra*, p. 135.
(2) Pour la discussion de ce système, V. *infra*, p. 136

milé les partages d'ascendants aux partages ordinaires, pour la
perception du droit de soulte. Mais cette première concession
faite par le législateur aux sophismes du fisc devait enhardir la
régie ; et celle-ci ne manqua pas, en effet, à soulever des prétentions nouvelles et non moins étranges, puisque contradictoires, le
jour où son intérêt professionnel devait l'y inviter.

Indépendamment du droit de soulte qui est un droit de mutation
dont le sort est lié à l'existence et à la quotité des soultes, le partage testamentaire est passible dans tous les cas, qu'il y ait stipu-
lation de soulte ou non, d'un droit propre, dit droit d'acte pour
salaire de la formalité. Or, ces droits varient suivant la nature des
actes, de telle sorte que lorsque la loi n'a pas nommément tarifé
un acte déterminé, il y a lieu de rechercher, pour asseoir la perception, à quelle catégorie d'actes il se rattache. C'est le cas pour
le partage testamentaire. D'où la question : Est-ce un testament?
Est-ce un partage ?

Jusqu'en 1872, cette question ne présentait pas un grand intérêt
pratique, puisque la même taxe — un droit fixe de 5 francs —
était applicable à l'un et à l'autre de ces actes. Mais, en 1872, l'Assemblée nationale créa un type nouveau d'impôt — le droit fixe
gradué — auquel furent assujettis certains actes, le partage
notamment. Ce droit était réglé de la façon suivante :

5 francs de.	1 à	5.000 francs
10 —	5.000 à	10.000 —
20 —	10.000 à	20.000 —

et au-dessus de 20,000 francs, 20 francs par chaque fraction de
20,000 francs. (Loi du 28 février 1872, article premier, 2°.)

Dans ces conditions, la régie allait avoir un intérêt fort appré-
ciable à étendre la taxe nouvelle au partage testamentaire. Aussi,
tout de suite, elle affirma cette prétention ; et elle réussit aisément
à la faire prévaloir. Car, outre que le moment était propice à une
recrudescence de fiscalité, l'extension du droit gradué au partage
testamentaire se présentait comme une application pure et simple
de la doctrine de l'assimilation, cette doctrine que la loi du
18 mai 1850 semblait avoir déjà consacrée par la disposition de
l'article 5. C'est, en effet, dans ce sens que se prononça la Cour de
cassation par un arrêt de la chambre des requêtes du 8 juillet 1879:
« attendu que si l'indivision n'existe pas au moment de la confec-

tion du testament, elle existe nécessairement au moment où le testament sera exécuté. »

Une fois de plus, et en l'envisageant sous un autre aspect, il était décidé que le partage d'ascendant réalisé par acte testamentaire devait être traité comme un partage ordinaire de succession : et par là se trouvait fort nettement défini le caractère de cet acte, au point de vue de la perception : *c'était un partage de succession*. Or, le partage de succession — quand il ne renferme aucune clause portant mutation de propriété ou de jouissance d'immeubles — n'est pas soumis à la formalité de l'enregistrement dans un délai déterminé, tandis que le testament doit être présenté à la formalité dans les trois mois qui suivent le décès du testateur, sous peine d'un droit en sus (1). C'était donc, en bonne logique, renoncer au délai de rigueur et au droit en sus qu'assimiler le partage d'ascendant au partage de succession.

Cependant la régie n'a point reculé devant une contradiction : et de même que nous l'avons vu soutenir que l'acte testamentaire n'était qu'un partage ordinaire, quand il s'agissait de justifier la perception du droit de soulte et du droit fixe gradué, de même nous la voyons prétendre avec une égale assurance que c'est un testament, quand il s'agit de savoir si un droit en sus peut être encouru et réclamé.

Une pareille entreprise doit sembler bien audacieuse, peut-être même invraisemblable, aux personnes qui ne sont point familiarisées avec les caprices et les incohérences de la dialectique fiscale. Aussi pensé-je qu'il convient de rapporter ici littéralement ce que dit et ce qu'enseigne sur ce point le *Dictionnaire des Rédacteurs* ; étant observé que ce Traité de la science de l'enregistrement, qui est l'œuvre des agents les plus distingués et les plus zélés de la régie, qui est publié avec l'agrément et sous le patronage des bureaux, traduit nécessairement avec une scrupuleuse fidélité les doctrines, les tendances et l'esprit de l'administration. « L'administration *assimile entièrement les partages testamentaires aux testaments*. Ajoutons que cette assimilation se justifie d'autant mieux que dans certains cas les partages testamentaires entraînent la révocation d'un testament antérieur, par exemple lorsque l'ascendant dispose autrement *des biens déjà légués.* » (*Dict. Réd.*, v° PARTAGE D'ASCENDANT,

(1) Le droit fixe de 5 francs, perçu sur le testament ordinaire, a été porté à 7 fr. 50.

n° 361.) Dans le même sens : « Les descendants ne pourraient pas davantage,en acceptant la succession,renoncer au lot que leur assigne le partage testamentaire et demander, comme un héritier, un nouveau partage. Les enfants ne peuvent,en effet, accepter la succession qui leur est déférée par la loi que telle qu'elle la leur défère : *or, la loi la leur défère toute partagée*, puisque c'est en vertu du pouvoir qu'elle lui en avait donné que l'ascendant a fait le partage. Le pouvoir que la loi a conféré à l'ascendant de partager sa succession entre ses enfants pour prévenir les contestations qui pourraient s'élever entre eux après sa mort, serait sans effet si chacun des enfants avait la faculté de refuser suivant son caprice la répartition faite par ie père de famille. » (*Dict. Réd.*, vº PARTAGE D'ASCENDANT, n° 376.)

On ne saurait évidemment affirmer avec plus de force que le partage testamentaire est un véritable testament, rien qu'un testament. Et même, à s'en tenir aux citations qui précèdent, il semble que ce soit un testament ayant une portée plus grande et des effets plus énergiques que le testament ordinaire, puisqu'il s'imposerait à la volonté des descendants et que le titre de légataire qu'il leur confère, au lieu de fortifier la qualité d'héritier qu'ils tiennent de la nature et de la loi, l'absorberait et se substituerait irrévocablement à elle.

Voilà ce que l'administration fait enseigner par ses docteurs pour les besoins de la cause. Mais que devient dans tout ceci le dogme de l'assimilation? Merveilleuse dialectique en vérité, comme un sabre fameux, également apte à défendre une doctrine et à la combattre !

Aujourd'hui le droit fixe gradué, établi par la loi du 28 février 1872, se trouve remplacé par un droit proportionnel de 0,15 %, aux termes de l'article 19 de la loi de finances du 28 avril 1893 (1). Cette modification de tarif a produit certains effets qu'il est utile de signaler parce qu'ils montrent qu'en 1893 aussi bien qu'en 1850 (2), ce que le gouvernement présen-

---

(1) « Art. 19. Sont soumis au droit proportionnel les actes désignés dans l'article premier de la loi du 28 février 1872. Le droit sera liquidé sur les sommes et valeurs actuellement passibles du droit fixe gradué. La quotité en est fixée à 15 *centimes p.* 100 pour les *partages* et à 20 *centimes p.* 100 *pour les autres actes.* »

(2) V. *supra*, p. 130.

tait au public des contribuables comme un mode de répartition plus équitable de l'impôt, n'était en réalité qu'une mesure purement fiscale destinée à grossir les ressources de ce Trésor, dont l'âpreté s'accroît à mesure qu'augmentent les prodigalités de nos budgets.

Si l'on suit, en effet, la valeur imposable de 100 en 100 fr. entre 1 et 20,000 fr. et si l'on établit le calcul des droits exigibles d'après l'ancien tarif d'une part, des droits exigibles d'après le nouveau tarif d'autre part, on constate qu'il y a, du fait de ce dernier, une majoration de 8 % en moyenne. Il est vrai que de 20,100 à 26,600 l'application du nouveau tarif apporte quelque allégement : mais en revanche, à partir de 26,600 la majoration est permanente ; elle varie d'abord entre 30 et 40,000 francs de 8 à 50 % ; entre 40 et 60,000 francs, de 12,50 à 50 % ; puis, par chaque somme de 20,000 francs en plus, le maximum étant toujours de 50 %, le minimum se relève rapidement suivant une progression continue jusqu'au taux de 50 %, qui demeure dès lors la mesure constante et invariable de la majoration.

Il n'est pas sans intérêt de remarquer que, pour les autres actes qui sont soumis à la taxe de 0,20 %, il n'y a de modération, par rapport à l'ancien tarif, qu'autant que la valeur imposable est inférieure à 2,500 fr. et qu'à partir de cette somme, la majoration est continue, oscillant d'abord entre un minimum et un maximum, mais atteignant rapidement le taux du maximum qui est de 100 %. C'est ainsi que de 10,100 à 20,000 francs la majoration va de 1 à 100 %, tandis qu'à partir de 40,000, le minimum est déjà de 50 % et qu'à 80,100 il s'élève à 60 %. Ce rapprochement m'a paru intéressant, parce qu'il y a tout lieu de croire qu'à bref délai on uniformisera les taxes établies par l'article 19, bien entendu, au taux de la plus élevée, et cela sous le prétexte de supprimer une inégalité, ou d'éviter la multiplication des taxes — suivant la formule.

J'en ai fini avec le partage testamentaire : et je vais clore ces notions historiques par quelques observations sur la modification apportée au régime fiscal du partage d'ascendant entre vifs par la loi du 21 juin 1875.

Jusqu'à cette époque, quand un acte de partage d'ascendant était présenté à la formalité de l'enregistrement, le receveur ne percevait que le droit de mutation, soit 1 %, tant sur les meubles que sur les immeubles; et lorsque l'acte était ensuite présenté à la transcription, le conservateur des hypothèques percevait sur le capital immobilier le droit de transcription, à raison de 1,50 % . Or, au regard de la loi fiscale, la présentation d'un acte à la transcription est facultative, c'est-à-dire que l'inaccomplissement de cette formalité n'entraîne ni amende, ni droit en sus, à la différence de ce qui a lieu pour la formalité de l'enregistrement dont l'obligation est sanctionnée par des peines pécuniaires. Aussi, dans la pratique, les parties se dispensaient-elles volontiers de requérir une formalité qui entraînait le paiement d'un nouveau droit, d'où une perte pour le Trésor.

Que fit alors le législateur de 1875? Il abaissa le droit de transcription à 0,50 % , en ce qui concerne le partage d'ascendant seulement: mais, en revanche, il décida que ce droit serait réuni au droit de mutation, ferait corps avec lui et serait perçu en même temps que lui par le receveur de l'enregistrement, sous les sanctions qui garantissent la perception des droits d'enregistrement. Le Trésor échangeait ainsi une taxe facultative de 1,50 % contre une taxe obligatoire de 0,50 % , et faisait passer l'obligation grâce à un abaissement de tarif. Néanmoins, il faut bien le reconnaître, la loi du 21 juin 1875 a servi dans une certaine mesure les intérêts de la propriété foncière : car, le droit de transcription se trouvant désormais perçu par anticipation, au moment de l'enregistrement, les parties n'hésiteront plus à requérir la publicité de l'acte constatant la mutation de propriété ; et tout le monde sait que l'accomplissement de cette formalité a sa répercussion immédiate sur la régularité et la sécurité des transactions, et par suite sur le crédit foncier agricole.

Voilà comment s'est formée la législation fiscale qui régit actuellement les partages d'ascendants : au point de vue des taxes qu'elle met en œuvre, elle peut se résumer ainsi :

a) Partage d'ascendant entre-vifs : 1° un droit proportionnel de 1 % sur la valeur déclarée des biens meubles ; 2° un droit proportionnel de 1,50 % sur la valeur imposable (1) des biens immeubles ; 3° le droit de soulte.

b) Partage d'ascendant par acte testamentaire : 1° Droit de mu-

(1) La valeur imposable, c'est le capital formé en multipliant le revenu ne brut par 20, s'il s'agit d'un immeuble urbain, et par 25 s'il s'agit d'un immeuble rural.

tation par décès en ligne directe (1 % , tant sur les meubles que
sur les immeubles); 2° Droit proportionnel de 0,15 % sur la valeur de l'actif net partagé; 3° Droit de soulte.

Il convient enfin d'ajouter que lorsque la succession d'un ascendant s'ouvre normalement et que les descendants successibles
procèdent eux-mêmes au partage des biens héréditaires, les droits
exigibles sur l'ensemble des opérations sont :

1° Le droit de mutation par décès;

2° Le droit proportionnel de 0,15 % sur le partage ;

3° Le droit de soulte.

II

Tous les efforts de la régie ont tendu — avec le plus grand succès,
nous venons de le voir — à assimiler le régime des partages d'ascendants au régime de la dévolution naturelle des successions et du
partage ordinaire. Mais cette assimilation n'est fondée ni en droit,
ni en fait.

I. — *Erreur de droit.* — Qu'est-ce, en effet, que le partage d'ascendant? Quelle est sa nature? Quelle est sa fonction?

Les règles de droit commun n'auraient pas permis à un ascendant d'ordonner lui-même la distribution de ses biens entre ses
descendants, puisque les dispositions entre-vifs qu'il aurait prises
à cet égard pouvaient au décès être revisées, ou anéanties, et que,
d'un autre côté, les dispositions testamentaires écrites aux mêmes
fins ne s'imposaient pas à ses descendants. L'ouverture de la
succession de l'ascendant faisait naître, en effet, des droits et des
obligations qui étaient incompatibles avec les droits et les obligations nées des dispositions entre-vifs ou testamentaires.

Il y avait là deux situations juridiques qui se heurtaient, de telle
sorte que l'une devait nécessairement s'effacer devant l'autre. Le
législateur, jugeant que cet état de choses pouvait préjudicier à
des intérêts matériels et moraux fort respectables, chercha un ter-
rain de conciliation : et ainsi, il fut amené à construire un système
original qui, tout en conservant aux descendants certains avantages attachés à l'ouverture de la succession ab intestat, fortifiait

néanmoins les effets de la volonté de l'ascendant. Or, la donation et le testament étaient bien les seuls modes par lesquels la volonté de l'ascendant pût utilement se manifester. Mais, à raison du but à atteindre, certaines règles propres à ces actes juridiques ne convenaient pas à l'institution nouvelle, et, inversement, des règles étrangères à cette matière devaient, au contraire, lui être étendues. Qu'a fait alors le législateur dans les articles 1075 et suivants du Code civil, sinon façonner des types de donation et de testament aptes à remplir le rôle pour lequel ils étaient créés ?

C'est là le partage d'ascendant avec sa fonction, tel du moins que le Code civil a entendu l'organiser. Et, sans hésitation, il faut dire que le partage d'ascendant est une *donation*, quand il se réalise par acte entre-vifs, qu'il est un *testament* quand il se réalise par acte testamentaire (1). C'est aussi l'interprétation acceptée par la [régie elle-même, au lendemain de la promulgation du Code civil, comme il en a été justifié plus haut.

Voyons maintenant s'il peut être question ici de droit de soulte ou de droit de partage?

A. *Droit de soulte.* — Qu'est-ce donc que le droit de soulte et dans quelles conditions peut-il être perçu? Le droit de soulte est un droit de mutation, c'est-à-dire qu'il suppose une transmission de biens d'un cohéritier à son cohéritier. La loi fiscale, en effet, ne tient pas compte de la règle écrite dans l'article 883 du Code civil, règle dont l'application ne permettrait dans aucun cas la perception d'un droit de mutation sur la convention de soulte de partage. Et pour justifier cette dérogation à une disposition si importante de la loi civile, on dit :

La règle écrite dans l'article 883 du Code civil a pour fondement une pure fiction de droit; tandis qu'il est de principe en matière d'enregistrement que la perception doit frapper la matérialité des faits juridiques. Or, dans la réalité des faits, chaque héritier devient, par l'effet seul de l'ouverture de la succession, propriétaire d'une quote-part de chacun des objets composant la masse héréditaire ; et, quelque rapprochées que puissent être les opérations du partage de l'ouverture de la succession, il existe nécessairement un état d'indivision au cours duquel chaque cohéritier

---

(1) Art. 1076, C. civ. : « Ces partages pourront être faits par actes entre-vifs ou testamentaires, avec les formalités, conditions et règles prescrits pour les **donations entre-vifs et testaments.** »

acquiert et conserve un droit de propriété sur chacun des objets, de telle sorte que lorsque, intervenant au partage, il consent à ce que la totalité ou une portion de ses quotes-parts de valeurs successorales soit versée dans le lot d'un autre cohéritier, en retour d'une indemnité en argent, il se produit, par là même, une cession de droits successifs, moyennant un prix, soit une mutation de propriété, et par suite le droit de mutation devient exigible.

Sans indivision donc pas de mutation possible, et par conséquent pas de droit de soulte. Or, quand la transmission d'une universalité de biens s'opère au moyen d'un partage d'ascendant, l'indivision peut n'exister jamais entre les bénéficiaires, pas même un instant de raison.

a) S'agit-il, en effet, d'un acte entre-vifs ? Lorsque le partage est ordonné de telle façon que l'ascendant, après avoir procédé lui-même à la composition des lots, donne *directement* tel lot à Paul, tel lot à Pierre, à quel moment Pierre a-t-il eu un droit quelconque sur les objets compris dans le lot de Paul et réciproquement ? Que si l'ascendant donne tous ses biens à Paul, à charge de payer 100 fr. à Pierre, comment peut-on dire que Pierre a vendu en réalité sa part moyennant 100 fr. ? Il y a dans ce dernier cas une donation avec charge, rien de plus, et la perception du droit de société ne saurait raisonnablement trouver ici sa place.

b) S'agit-il d'un acte testamentaire ? Le testament-partage a précisément pour but d'empêcher que l'état d'indivision qui résulterait nécessairement de l'ouverture de la succession ab intestat puisse prendre naissance (1). Car, dès l'instant même de l'ouverture de la succession, et sans qu'il soit besoin de recourir à aucune fiction juridique, comme dans l'hypothèse de l'article 883, les droits de chaque descendant se trouvent fixés et limités aux objets compris dans le lot qui lui a été attribué. Un lot se trouve-t-il grevé d'une soulte ? Mais l'indivision n'ayant jamais existé entre le débiteur et le créancier de la soulte, il est impossible de soutenir, avec quelque vraisemblance que la soulte soit le prix d'une aliénation de tout ou partie de droit indivis. Ici encore il ne doit pas être question, en bonne logique, de la perception d'un droit de soulte.

Et, par conséquent, une aliénation purement imaginaire qu'est

______

(1) Aubry et Rau, t. VIII, n° 733. — *Dict. Réd., loc. cit.*

censé faire le titulaire de la soulte d'un droit de propriété qui n'a jamais résidé sur sa tête, tel est le fondement de la perception du droit de soulte sur un partage d'ascendant.

B. *Droit de partage.* — Qu'est-ce que le partage de succession? Une opération juridique qui a pour but de faire cesser l'indivision existant entre les successibles. C'est la définition que nous donne l'article 815 du Code civil : et la loi fiscale ne s'est pas fait du partage une conception différente.

Le premier texte, en effet, qui soumet le partage à une taxe d'enregistrement, c'est l'article 68 de la loi du 22 frimaire an VII ; il est ainsi conçu :

§ 3. — Actes sujets a un droit fixe de 3 francs.

. . . .

« 2° Les partages de biens meubles et immeubles entre copropriétaires, à quelque titre que ce soit, pourvu qu'il en soit justifié. »

Puis, la loi du 28 avril 1816, dans son article 45, 2°, se borne à porter le droit de 3 francs à 5 francs, sans modifier, en quoi que ce soit, l'assiette de la perception.

Mais l'Assemblée nationale, en 1872, voulant marquer très exactement les conditions dans lesquelles fonctionnerait le droit nouveau (1), dit par l'organe de M. Mathieu Bodet, rapporteur de la commission du budget: « Ces actes ne sont pas considérés en droit comme translatifs de propriété, ils ne sont que déclaratifs. Cependant c'est le partage qui a *pour effet de faire cesser l'indivision dans chaque parcelle de la chose commune et de créer sur chaque lot la propriété personnelle de chaque copartageant.* »

Quant à l'article 19 de la loi du 28 avril 1893, il ne fait que substituer le droit proportionnel au droit fixe gradué ; je n'en parle que pour mémoire.

Si ce sont là les seules dispositions de la loi qui règlent l'assiette et la tarification du droit de partage proprement dit, et si aucun texte n'a formellement assujetti le partage d'ascendant à ce régime, est-il du moins possible de le lui étendre par voie d'analogie ? En d'autres termes, le partage d'ascendant est-il un partage dans le sens de l'article 815 du Code civil, dans le sens des textes précités ? Cela n'est point soutenable, puisque l'élément

---

(1) La loi du 28 février 1872 a substitué au droit fixe de 5 francs un droit gradué dont nous avons fait connaître plus haut le mécanisme.

essentiel et nécessaire qui forme en quelque sorte la substance même du partage fait ici défaut, j'entends, *la cessation de l'indivision*.

Il ne peut pas être évidemment question de faire cesser une indivision qui n'a jamais pris naissance ; et tout à l'heure, à propos du droit de soulte, j'ai montré que le partage d'ascendant était par sa nature et sa fonction exclusif de tout état d'indivision. Les raisons que j'en ai données trouvent ici leur place, je n'y reviendrai point. Je conclurai donc en disant : *Pas d'indivision, pas de droit de partage*.

On pourrait observer ici que l'administration n'a jamais soutenu que le droit proportionnel de partage (0,15 %) fût exigible sur l'acte entre-vifs. Cela est vrai, sans doute ; mais il n'y a là de sa part qu'une inconséquence et une contradiction ; car, dès le moment qu'elle crée fictivement une période d'indivision pour percevoir le droit de soulte, elle devrait rationnellement faire état de cette indivision pour réclamer aussi le droit proportionnel de partage. Le droit de partage serait aussi injustifié que le droit de soulte, voilà tout. On peut d'ailleurs prévoir qu'à brève échéance la régie n'hésitera pas à déduire de sa fiction toutes les conséquences qu'elle comporte ; les excès de la fiscalité procèdent nécessairement des prodigalités de nos budgets.

En droit, par conséquent, pas d'assimilation possible : et de ce côté, la régie ne peut échapper aux conclusions d'une saine logique qu'en recourant à la fiction.

II. — *Erreur de fait.* L'assimilation est-elle du moins justifiée en fait ?

Sur ce point, l'administration raisonne de la façon suivante : Elle dit : ce qu'a voulu le législateur, en organisant le partage d'ascendant, c'est que l'ascendant pût régler lui-même la répartition de ses biens, afin de prévenir le conflit des égoïsmes individuels et des rivalités de personnes. S'agit-il, en effet, de l'acte entre-vifs ? L'abandonnement actuel et irrévocable des biens de l'ascendant n'est que l'ouverture anticipée de sa succession ; l'attribution à chaque successible, c'est le partage de cette succession ; le tout effectué avec le concours et du consentement de tous les intéressés. S'agit-il de l'acte testamentaire ? Il se rencontre ici l'ouverture naturelle de la succession de l'ascendant d'une part, le règlement de cette succession d'autre part ; mais celui-ci est l'œuvre exclusivement personnelle de l'ascendant et se manifeste par une disposition de dernière volonté.

Quelle que soit donc la forme qu'affecte le partage d'ascendant, on se trouve toujours en présence de ces deux faits juridiques : une mutation de biens, et un partage de ces biens. Or, ce sont là précisément les effets de l'ouverture normale d'une succession suivie de partage ; de telle sorte que l'on peut dire que, pour réaliser et ordonner la transmission des biens de l'ascendant à ses descendants, la loi a mis à la disposition des intéressés deux procédés : 1° le partage d'ascendant (1075 et ss. C. civ.) ; 2° la dévolution légale de la succession et le partage ordinaire (art. 734 et ss., 825 et ss. C. civ.). Comme ces deux institutions juridiques ont le même but ou produisent les mêmes effets, il est juste qu'elles soient soumises aux mêmes règles de perception.

Il y aurait donc en présence deux régimes, l'un de droit commun et l'autre d'exception, tendant tous deux à créer aux successibles des situations de fait identiques : et cette identité serait le fondement de l'assimilation que la régie prétend établir, au point de vue fiscal, entre ces deux régimes.

Mais avant d'aborder l'examen de ces considérations de fait, il est intéressant d'observer que l'identité de but et d'effets, si elle pouvait se rencontrer, ne justifierait pas l'extension au partage d'ascendant du régime fiscal qui gouverne le partage ordinaire. Car ce n'est point sur les effets d'un acte juridique que la régie prétend d'habitude modeler ses perceptions ; elle enseigne, au contraire, dans ses instructions, que la nature des actes soumis à la formalité se détermine non par les termes dans lesquels ils sont conçus, ni par la forme dont ils sont revêtus ou par les qualifications que les parties leur ont données, mais seulement par *les conventions qu'ils renferment*. Or, pour marquer le caractère d'une convention, c'est aux règles de droit civil qu'il faut recourir ; et nous avons montré plus haut que, en droit, l'analyse ne retrouve dans un partage d'ascendant qu'une *donation* ou qu'un *testament*. Que si la perception se réglait sur les effets de l'acte juridique lorsqu'une personne autre qu'un ascendant a fait dans un testament la distribution de l'universalité de ses biens entre les personnes mêmes qui, à défaut de testament, auraient été appelées à leur succéder et que cette distribution a été, d'ailleurs, faite de façon à remplir chaque successible précisément de ses droits héréditaires, l'administration devrait dire: les dispositions de ce testament sont équivalentes aux opérations du partage qui aurait pu suivre l'ouverture de la succession ab intestat, et par conséquent je suis en droit de percevoir les mèmes taxes. Et pourtant elle ne le fait pas. Ou bien encore, Paul débiteur de 1,000 francs, n'ayant pas somme suffisante pour acquitter sa dette, propose à Pierre, son créancier, de lui donner en paiement une valeur équivalente, un champ, par exemple. Le but que poursuit Paul, c'est évidemment sa libération ; or, tandis que la libération est tarifée au droit de 0,50 % , la dation en paiement qui n'est qu'un mode de libération est assujettie au droit de vente, dans l'espèce 5,50 % .

Qu'on ne parle donc pas d'identité de but et d'effets ; les raisons qu'en prétend déduire la régie sont inconséquentes avec ses règles mêmes de perception.

On conçoit théoriquement que l'ascendant, en ce qui concerne la transmission de son patrimoine à ses descendants puisse, à son choix, recourir à l'institution organisée par les articles 1075 et suivants du Code civil, ou s'en remettre aux dispositions de la loi qui règlent la dévolution et le partage des successions. Mais, dans la pratique, ce n'est pas le caprice de l'ascendant qui fait que sa succession se règle suivant tel ou tel mode ; car le partage d'ascendant n'entre en scène, si je puis m'exprimer ainsi, que dans de certaines conditions et lorsqu'il répond aux nécessités d'une situation déterminée.

La composition des patrimoines ne permet pas d'attribuer uniformément à chaque successible une égale quantité d'effets de même nature ; c'est, par exemple, un petit domaine rural dont la division en autant de parts qu'il y a d'héritiers compromettrait manifestement son exploitation ; ou encore les divers éléments d'une universalité de biens ne conviennent pas sans distinction à tous les successibles, et dans leur intérêt propre, il est préférable que chacun soit loti des valeurs qui s'harmonisent le mieux avec les aptitudes et les professions respectives. L'égalité absolue dans le partage est quelquefois impossible, et quand elle est possible, il vaut mieux dans certains cas ne la point observer. Est-ce que les héritiers, au moment de procéder au partage, seront toujours assez prévoyants pour subordonner l'exercice de leurs droits aux convenances économiques? Les difficultés de toute nature que suscite le règlement de certaines successions et les instances judiciaires qui en sont la suite démontrent que parfois les successibles comprennent mal leurs véritables intérêts, et que le sentiment qui les guide le plus souvent n'est rien moins que la préoccupation d'une sage répartition des valeurs héréditaires. C'est pour régler de pareilles situations ou prévenir de tels inconvénients que les rédacteurs du Code civil ont créé l'institution du partage d'ascendant. Construisons maintenant une de ces hypothèses, en vue desquelles le partage d'ascendant a été visiblement organisé, et recherchons s'il est vrai que la situation faite aux successibles par le partage d'ascendant soit identique à celle que leur ferait l'ouverture normale de la succession suivie de partage. Soit donc une exploitation agricole de 4 ou 5 hectares avec des bâtiments et son outillage : à la tête de la culture, le père aidé de son fils aîné, deux autres enfants vivent et travaillent hors de la maison, un fils artisan, une fille mariée. Cette propriété avec ses accessoires constitue d'ailleurs l'intégralité du patrimoine.

a) Le père meurt sans avoir ordonné le règlement de sa succession. Sur quelles bases les héritiers vont-ils procéder à ce règlement? Le frère aîné qui a consacré ses efforts et son temps à la mise en valeur du domaine familial ne verra qu'à regret ces terres qu'il a cultivées passer en d'autres mains que les siennes. Tout d'abord il essaiera de les retenir en offrant à ses cohéritiers une juste indemnité. Mais ici, il va se heurter ou bien à des prétentions excessives qu'il ne peut subir sans compromettre l'avenir, ou bien à cette passion intense du paysan pour la terre qui lui fait repousser, sans examen, toute combinaison de ce genre : de telle sorte qu'en tout état de cause, c'est le partage en nature qui s'impose. Voilà les effets du partage.

b) Le père fait un partage d'ascendant. Ce que veut et ce que doit l'ascendant quand il procède lui-même au partage de ses biens, c'est attribuer à chaque successible l'élément du patrimoine qui convient le mieux à ses besoins professionnels, et aussi prévenir l'émiettement de la propriété rurale. Dans l'espèce, il y a tout intérêt, au point de vue économique, à ce que le petit domaine conserve son individualité ; car le morcellement inconsidéré des terres augmente les frais d'exploitation, tarit certaines sources de profits et nuit, en définitive, à la consolidation de la richesse agricole. Le père, éclairé par l'expérience, n'hésitera pas à attribuer le domaine au fils aîné, parce qu'il est le plus apte à le faire valoir, et il fixera, d'autre part, en toute équité, les indemnités pécuniaires que celui-ci devra payer à ses frère et sœur, en représentation de leurs droits héréditaires.

Nous sommes loin, sans doute, du partage en nature ; mais il y a plus. L'ascendant qui, de son vivant, se démet de ses biens en faveur de ses descendants, ne consent pas un abandon pur et simple : il fait des réserves. C'est un droit d'habitation sur la maison, un droit d'usage sur l'enclos, c'est enfin une rente viagère qu'il stipule en retour de sa libéralité, quelquefois même retient-il l'usufruit de tous les biens. Évidemment ces obligations et ces charges ne peuvent se rencontrer dans le partage ordinaire.

Peut-on soutenir, en conséquence, que les deux situations faites aux successibles par le partage d'ascendant d'un côté, par le partage ordinaire, de l'autre, soient seulement équivalentes? Non assurément.

Ni en fait, ni en droit, pas d'assimilation possible : voilà la vérité juridique.

III

Nous venons de voir que les conditions dans lesquelles s'effectue la transmission du patrimoine de l'ascendant aux successibles, varient sensiblement, suivant que la transmission procède d'un partage d'ascendant ou qu'elle procède d'une dévolution normale de succession suivie d'un partage ordinaire. Si l'on applique maintenant le même régime fiscal à deux actes juridiques aussi dissemblables, que peut-il en résulter au point de vue de la perception, d'abord, puis, par répercussion, au point de vue économique ? Est-ce que l'assimilation, quand on passera du pur raisonnement à la pratique, va persister jusque dans le résultat final des perceptions? Le régime fiscal, actuellement en vigueur, est-il favorable ou défavorable au développement de l'opération juridique créée et organisée par les articles 1075 et suivants du Code civil? C'est ce qu'il convient à présent d'examiner.

Pour ordonner la composition des lots, selon les principes exposés plus haut, le père de famille doit nécessairement recourir à ces indemnités pécuniaires qui, en droit, sont bien des donations secondaires ou des legs (1), mais que la loi fiscale considère et

(1) V. *supra*, p. 142.

traite comme des soultes (art. 5, loi du 18 mai 1850). Quelle que
soit, d'ailleurs, l'opinion à laquelle on se rallie sur ce dernier
point, il faut reconnaître que la soulte, qui dans le partage ordinaire ne sert d'habitude qu'à équilibrer des lots inégaux, remplit
dans le partage d'ascendant une fonction plus importante, on peut
dire essentielle ; c'est elle, en définitive, qui assure le fonctionnement de l'institution et son efficacité. Il se rencontrera donc dans
le partage d'ascendant plus de soultes qu'il ne s'en peut rencontrer
dans le partage ordinaire, si bien que ce qui est l'exception pour
l'un sera la règle pour l'autre. Et encore est-il vrai de dire que le
nombre et l'importance des soultes s'accroîtraient considérablement, si l'on venait à supprimer les entraves dont la jurisprudence
embarrasse actuellement le mécanisme normal du partage d'ascendant.

Le droit de soulte qui, au point de vue fiscal, est un véritable
droit de mutation, varie avec la nature des biens transmis, le tarif
le plus élevé (soit 5 %) étant réservé aux mutations immobilières.
C'est aussi le tarif applicable aux soultes de partage d'ascendant,
puisque le patrimoine du propriétaire cultivateur, dont il est spé-
cialement question ici, se compose le plus souvent, pour ne pas
dire toujours, d'immeubles ruraux exclusivement. Personne ne
contestera que cette taxe de 5 % ne soit exorbitante ; au prix des
céréales et autres menus produits que comporte l'exploitation d'un
petit domaine, elle représente, en effet, les revenus nets de deux
bonnes années.

Mais il y a plus. Les successibles créanciers des soultes vont
naturellement en exiger le paiement ; et si le cohéritier, débiteur,
ne possède pas d'argent disponible — ce qui arrivera fréquemment,
car la terre nourrit, mais n'enrichit pas celui qui la cultive — force
lui est de recourir à l'emprunt. Donc, mandat donné à un notaire
de trouver des fonds ; levée, au bureau des hypothèques, d'un état
de transcription et d'un état des inscriptions ; parfois, régularisation
des titres de propriété ou procédure à fin de purge d'hypothèque
légale ; en tout cas, réalisation de l'emprunt par acte notarié,
paiement des créanciers, inscription de l'hypothèque, ou mention
de subrogation au privilège de l'article 2103 du Code civil ; déli-
vrance au bailleur des fonds d'une grosse de l'acte d'obligation avec
le bordereau d'inscription.

Puis, à l'échéance, bien rarement une quittance emportant libération définitive et réelle : le plus souvent une quittance subrogative, c'est-à-dire un second emprunt qui vient prendre la place du premier ; et enfin, renouvellement de l'inscription. Chaque acte, chaque formalité signifient pour le débiteur des soultes, paiement d'honoraires au notaire, paiement de droits d'enregistrement, de droit de timbre, et de droit d'hypothèque, lesquels viennent s'ajouter aux droits déjà si élevés de mutation (1). Tous ces droits, à l'exception de ceux de timbre, sont d'ailleurs rigoureusement proportionnels au montant des soultes, ce qui montre que plus un individu contracte de dettes, ou plus sa situation pécuniaire devient difficile, et plus il est surchargé de taxes. Cependant la Déclaration des droits de l'homme dont on ne manque jamais de se recommander dans les sphères gouvernementales, quand il s'agit d'établir un impôt nouveau ou d'augmenter un impôt déjà existant, porte : Art. 13... « Elle (la contribution) doit être également répartie entre tous les citoyens, *en raison de leurs facultés.* »

Voilà donc les suites inévitables des stipulations de soultes dans les partages d'ascendants. Ce qui signifie bien que le régime fiscal qui peut convenir au partage ordinaire ne convient, en aucune façon, au partage d'ascendant, et qu'imposer à cette opération juridique des règles de perception qui la grèvent si lourdement, c'est, dans la réalité des faits, la frapper d'une taxe prohibitive. Ainsi la loi fiscale fait manifestement échec à la loi civile ; et, en vérité, il est fort étrange de voir le législateur, d'une part, créer une institution, et, d'autre part, l'empêcher de fonctionner. Est-ce que l'adaptation harmonique des moyens au but, n'est pas la condition même d'existence de toute institution juridique comme de tout organisme vivant?

Peut-être objectera-t-on que les droits d'enregistrement perçus sur les actes ou sur les conventions sont autant d'empêchements à la confection des actes ou à la réalisation des conventions, de telle sorte qu'en bonne logique il faudrait conclure à la suppres-

____

(1) L'Académie des sciences morales et politiques propose pour le prix Blaise des Vosges (1,000 francs), à décerner en 1897, le sujet de concours suivant :

« Exposer les moyens qui pourraient être utilement pris pour mettre les caisses d'épargne à même de faire jouir, soit directement soit indirectement, les petits cultivateurs, soit propriétaires, soit fermiers, soit colons partiaires, *des avantages du crédit par des prêts autres que le prêt hypothécaire* et moyennant le taux courant de l'intérêt. »

sion pure et simple de l'impôt de l'enregistrement ; mais qu'une
loi de finances ne peut et ne doit se proposer qu'une chose, créer
des ressources au Trésor ; et qu'une fois la matière imposable
définie, elle doit la frapper uniformément dans toutes ces mani-
festations.

Mais voici sur cette question le sentiment de l'homme qui a le
plus largement contribué à l'élaboration de la loi fondamentale de
l'enregistrement, la loi du 21 frimaire an VII : c'est Duchâtel qui
disait : « Une loi ne mérite vraiment ce titre que lorsqu'elle est
fondée sur la justice et la raison. Cette vérité que je proclame ici
avec confiance est rigoureusement applicable aux lois qui établis-
sent des contributions. » Et, en effet, toutes les fois que le législateur n'est pas uniquement dominé par le souci d'équilibrer,
quand même, un budget en déficit, nous le voyons se préoccuper
de la répercussion de l'impôt et prescrire, au besoin, les tempéraments nécessaires. C'est ainsi que, dans notre législation, l'on
rencontre plusieurs dispositions qui ont précisément pour but de
détacher d'un groupe juridique d'actes certains d'entre eux, pour
les faire bénéficier d'un traitement spécial ou de faveur.

a) Les donations faites dans un contrat de mariage sont soumis à
un droit de mutation sensiblement inférieur au droit perçu sur les
donations ordinaires.

b) L'apport mobilier ou immobilier que fait un associé à la
société constitue une véritable aliénation au profit de celle-ci, avec
toutes ses conséquences de droit. garantie, risques, transcription, etc. Cependant la régie ne perçoit pas le droit de mutation.
Et l'instruction 360 en transmettant aux agents la règle de perception sur ce point, disait : « Ces solutions remplissent d'ailleurs les
intentions du gouvernement qui accorde aux établissements de
commerce et d'industrie une protection spéciale. » On comprend, en
effet, que le prélèvement d'un impôt sur la mise sociale aurait pour
résultat de diminuer le capital social, au moment même où la
société a un besoin plus pressant de ces ressources.

c) La loi du 29 juin 1872 a établi une taxe annuelle de 3 %
élevée aujourd'hui à 4 % ...

2° « Sur les arrérages et intérêts annuels des emprunts et obligations des départements, communes, établissements publics, ainsi que
des sociétés, compagnies ou entreprises quelconques financières, in-
dustrielles, commerciales ou civiles. » Certes, il y avait d'excel-

lentes raisons de ne pas étendre la taxe nouvelle aux sociétés en nom collectif. Mais le temps n'est plus où la régie cherchait dans l'esprit même de la loi la règle de l'interprétation (1) ; aujourd'hui quelque motif tiré de « la généralité des termes » suffit à justifier une perception. Aussi pour affranchir la société en nom collectif du paiement de la taxe, a-t-il fallu insérer dans la loi de finances du 28 avril 1893 une disposition formelle (2). Et qu'a-t-on dit pour expliquer ce *privilège?* On a invoqué l'intérêt économique qui se rattache à la formation des sociétés en nom collectif ; on a montré que percevoir la taxe sur des capitaux qui viennent d'un emprunt, c'est tout simplement rendre plus onéreuses les conditions de l'emprunt : et l'on a conclu qu'il serait déraisonnable d'entraver le fonctionnement d'une institution que l'on doit favoriser.

d) La loi relative aux habitations à bon marché (30 novembre 1894) contient aussi un certain nombre de dispositions qui dérogent aux règles générales de l'enregistrement ; et cela parce que l'application de ces règles aux actes juridiques que comporte le fonctionnement de l'institution, mettrait en péril son existence même. Plusieurs tempéraments, intéressants à signaler, ont donc été apportés, tels que la faculté d'acquitter par annuités le droit proportionnel de vente, la non-exigibilité du droit en cas de résolution de la vente pour défaut de paiement du prix, etc. (3).

e) Pour des raisons analogues le projet de loi sur les sociétés coopératives renferme les dispositions suivantes : — Art. 21. « Les actes nécessaires à la constitution et à la dissolution des sociétés coopératives, ainsi que les dépôts prévus à l'art. 3 sont dispensés des droits de timbre et enregistrés gratis... — Art. 22.... Les sociétés coopératives de production et de crédit sont dispensées de l'impôt sur le revenu attribué aux actions et aux parts d'intérêts, mais seulement pour les sociétaires dont le capital

____

(1) Instruction générale n° 360, citée plus haut.

(2) Loi 28 avril 1893. Art. 36 : « La loi du 29 juin 1872 n'est pas applicable aux emprunts contractés par les sociétés en nom collectif, purs et simples. »

(3) Art. 10. . . . .
« Toutefois, lorsque le prix aura été stipulé payable par annuités, la perception de ces droits pourra, sur la demande des parties, être effectuée en plusieurs fractions égales..,..

« Si la vente est résolue avant le paiement complet des droits, les termes acquittés ou échus depuis plus de trois mois demeureront acquis au Trésor : les autres tomberont en non valeur.

« La résolution volontaire ou judiciaire du contrat ne donnera ouverture qu'au droit fixe de 3 francs.

social versé, constaté par le dernier inventaire, ne dépasse pas 2,000 francs. »

f) Une loi de 1871 frappe d'un impôt de 0 fr. 50 % les assurances maritimes et d'un impôt de 8 % les assurances contre l'incendie ; mais elle exempte radicalement le contrat d'assurance sur la vie. Le législateur a voulu ainsi — et cela a été dit dans la discussion — encourager d'une façon particulière la prévoyance, l'effort de la part de l'assuré.

g) C'est encore pour favoriser le mouvement des affaires que la loi fait bénéficier de nombreuses immunités fiscales les actes juridiques qui ont pour objet des opérations commerciales.

Voilà de quelle manière s'établit entre la loi civile et la loi fiscale cette harmonie qui apparaît théoriquement comme une condition essentielle de la vitalité de toute institution juridique.

Mais elle a existé également en ce qui concerne le partage d'ascendant, sous le régime de la loi du 16 juin 1824. Car c'était uniquement dans un but de protection et de faveur que le législateur avait affranchi le partage d'ascendant des droits de donation qui étaient relativement élevés (1,25 et 2,50 %), pour leur appliquer les droits de mutation par décès en ligne directe (0,25 et 1 %). Les travaux préparatoires aussi bien que les termes mêmes de la loi témoignent manifestement de cette préoccupation. Voici, en effet, de quelle façon s'exprimait le comte de Chabrol, directeur de l'Enregistrement, dans l'exposé des motifs : « On a réclamé la revision des dispositions et des tarifs qui règlent la perception, et on a demandé des réductions dans la fixation des droits. » Il rappelait ensuite que la loi du 28 avril 1816 avait considérablement augmenté les taxes parce qu'il avait fallu pourvoir à l'acquittement des charges extraordinaires de l'État ; que ces charges pesant encore sur le budget, il n'était pas possible d'opérer tous les dégrèvements désirables ; et il concluait ainsi : « Le gouvernement a donc dû se borner, quant à présent, à examiner quelles étaient les modifications qu'il paraissait le plus urgent d'apporter à cette partie : il a eu surtout en vue *certains actes d'un usage très fréquent qui intéressent particulièrement l'agriculture et le commerce.* »

Le texte de la loi est tout aussi significatif : « le droit d'enregistrement fixé par les paragraphes 4 et 6 de l'article 69 de la loi du 12 décembre 1798 (22 frimaire an VII), pour les donations entre vifs en ligne directe, à 1,25 % sur les biens meubles et à 2,50 sur les immeubles *est réduite*, en ce qui *concerne les donations portant partage* faites par actes entre vifs, conformément aux articles 1075 et 1076 du Code civil, par les père et mère et autres ascendants entre leurs enfants et leurs descendants, au droit de 0 fr. 25 % sur les meubles et 1 % sur les immeubles, ainsi qu'il est réglé pour les successions en ligne directe. » (Art. 3, L. 16 juin 1824.)

Ainsi se précisent le sens et la portée de l'article 3. Il s'agissait de trouver pour le partage d'ascendant une taxe moins élevée que celle établie par la loi du 22 frimaire an VII. Or, dans l'échelle des taxes applicables aux actes juridiques, appartenant au même groupe que le partage d'ascendant, il ne s'en rencontrait pas d'assez modérée. On chercha alors dans un groupe voisin et l'on tomba d'accord que le tarif des mutations par décès en ligne directe, à *cause de sa modération*, conviendrait au partage d'ascendant.

Cependant l'article 3 a été le point de départ de cette doctrine de l'assimilation dont nous avons suivi l'évolution et marqué les conséquences. Le rapporteur de la loi du 18 mai 1850 disait en effet : « L'article 3 de la loi du 16 juin 1824 assimile aux successions en ligne directe les donations en ligne directe contenant partage et faites conformément aux articles 1075 et 1076 du Code civil. Ces actes sont avec raison considérés comme l'ouverture d'une succession et, sous ce rapport, l'article premier du projet de la loi ne propose aucun changement ; il s'agit seulement de réparer une omission de la loi du 16 juin 1824, *en rendant entière l'assimilation qu'elle établit*, c'est-à-dire en soumettant les partages contenus dans les démissions de biens aux mêmes règles de perception concernant les soultes imposées au partage d'une succession. »

Mais la preuve est déjà faite que c'est dénaturer l'esprit et la lettre de l'article 3 que d'y voir autre chose qu'une simple *réduction* de tarifs, sans autre portée, sans autre conséquence. Et maintenant, l'on peut apprécier s'il n'y a pas quelque témérité à vouloir accommoder la doctrine de l'assimilation, qui est un instrument de fiscalité, avec la loi de 1824, qui est une œuvre de modération et d'harmonie.

IV

Tout le monde déclare qu'il faut faire quelque chose pour l'agriculture. Mais quoi? organiser le crédit agricole, dit-on. Voilà bien la formule séduisante et perfide, qui laisse tout espérer ne précisant rien, qui promet tout et ne tient rien. Le crédit sans les capitaux ce n'est qu'un mot, un appât pour les badauds. Et les capitaux, où les prendra-t-on ? Qui les fournira ? Est-ce que la loi a le pouvoir de disputer l'argent « aux affaires » et de lui faire rechercher les placements immobilisés? Est-ce qu'elle a le pouvoir de hâter la reconstitution si lente des capitaux confiés à la culture, d'accroître la productivité de la terre ou d'empêcher la mévente des produits? Ces faits économiques échappent à l'action du Parlement : et c'est à cause d'eux, précisément, que l'agriculture ne peut bénéficier du crédit, au même titre et avec les mêmes avantages que le commerce et l'industrie.

Ce que peut un Parlement, sincèrement préoccupé de l'intérêt général, c'est supprimer les taxes qui grèvent trop lourdement la propriété rurale, et qui frappent inconsidérément, sans souci des conséquences. Ce qu'il peut, c'est simplifier les systèmes d'impôts si compliqués et si savants qui ne permettent pas au contribuable d'apprécier si ce qu'il paie est bien ce qu'il doit, et qui, pour dire vrai, le laissent à la merci des agents de perception, s'il n'aime mieux courir les chances d'un procès difficile.

N'est-ce pas le cas des impôts d'enregistrement? Cet impôt, en effet, frappe toutes les opérations *juridiques* que comportent la possession, l'administration ou la circulation de la propriété rurale, vente, échange, baux, antichrèses, constitution d'hypothèques, obligations, libérations, mainlevées, donations, mutations par décès, saisies. Mais il frappe aveuglément, sans s'inquiéter de savoir si chacune de ces opérations correspond à un enrichissement ou à un appauvrissement, et le plus souvent il fonctionne à rebours des forces des contribuables.

Ces inconvénients déjà fort graves se trouvent considérablement accrus par l'élasticité des règles de perception et les difficultés d'interprétation qu'elles soulèvent. M. Dupuy-Dutemps, député alors, hier ministre, disait à la séance du 11 février 1893 : « Il me semble que la grande qualité d'un impôt c'est d'être simple, facilement compréhensible, à la portée de tout le monde. Je ne crois pas m'aventurer beaucoup en disant que dans le pays et peut-être même que dans la Chambre il n'y a pas beaucoup de personnes qui, étant donné un acte, puissent apprécier quels sont les droits auxquels son enregistrement donnera ouverture. Si pour savoir ce qu'on doit payer pour un impôt, il faut se livrer à une véritable étude, acquérir une véritable science, où irons-nous? Eh bien, l'enregistrement c'est une science. Je dis, moi, que l'impôt ne doit pas constituer une science : il doit résulter de tableaux faciles, accessibles à tout le monde, sur lesquels la discussion ne puisse pas porter. »

De là cette fiscalité croissante à laquelle les agents ne se trouvent que trop personnellement enclins, parce que l'organisation de l'administration solidarise leurs intérêts professionnels avec le développement des recettes. De là ces variations dans les perceptions, suivant les régions, et les individus mêmes. Voici, d'ailleurs, qui est tout à fait caractéristique et probant : il s'agissait de savoir si l'impôt sur le revenu (loi du 29 juin 1872) était ou non applicable aux sociétés en nom collectif.

« M. Rabier : « On n'applique la théorie de l'administration que dans certains départements. » — M. le ministre des finances : « On l'applique partout. » — M. Rabier: « Non, monsieur le ministre, et la preuve, c'est qu'il y a deux mois seulement que vous tentez de la mettre en vigueur à Orléans ; à Lyon, vous n'avez encore rien fait. » (Séance du 15 février 1893. Ch. députés, *J. Off.* du 16 février, p. 557.) N'est-il pas évident qu'un impôt qui fonctionne dans de telles conditions doit peser plus particulièrement sur les populations rurales, toujours en contact avec la Régie mais absolument désarmées, en raison de leur ignorance, contre de semblables abus?

Crédit agricole, démocratie rurale, thèmes inépuisables de harangues électorales et de discours officiels! Mais dans la réalité des faits que se passe-t-il? S'occupe-t-on loyalement de réaliser les réformes utiles?

Pour équilibrer le budget de 1896, le projet de la loi de finances, déposé par le Gouvernement, fait état de 30 millions environ d'impôts nouveaux. La surcharge porte tout entière sur certains droits d'enregistrement et notamment sur les droits concernant le partage d'ascendant entre-vifs, ceux qui frappent la transmission des biens de l'ascendant aux successibles. — Aux taxes actuellement perçues de ce chef et qui sont de 1 % pour les meubles et de 1,50 % pour les immeubles, on substituerait une taxe unique de 2,50 % pour les deux catégories de biens (1). Cette augmentation qui est fort sensible ne se trouve, d'ailleurs, tempérée par aucun avantage, à l'inverse de ce qui a lieu pour les successions. Car, en ce qui concerne les successions, les droits ne devant être calculés que sur la valeur nette de l'hérédité transmise, on pourrait à la rigueur représenter la déduction des dettes comme une compensation de la surélévation du tarif.

Ainsi, lorsqu'une universalité de biens passe d'un ascendant à des descendants par voie de succession, les *droits de mutation sont liquidés sur la valeur nette* (2) : que si cette même universalité est transmise au moyen d'un partage d'ascendant entre-vifs, les *droits sont perçus sur la valeur brute*. Pourquoi cette différence ? On cherchera sans doute à l'expliquer au cours de la discussion : mais, quoi qu'en puisse dire M. le commissaire du Gouvernement, il n'y a pas en réalité d'autre raison que celle-ci ! On a consenti à introduire dans la loi le principe de la déduction des dettes, mais sous la réserve tacite de restreindre le plus possible son champ d'application. Le projet de loi crée donc au partage d'ascendant entre-vifs une situation particulièrement difficile, ce qui ne serait guère fait pour en recommander l'emploi aux intéressés.

Cependant les législations étrangères, plus soucieuses des intérêts économiques, évitent d'embarrasser la circulation des valeurs de taxes inopportunes ou excessives. En Angleterre, le droit de mutation à titre onéreux n'est que de 0,50 %, tandis qu'en France il est de 5 ou 6,88 %. Les arrangements de famille qui correspondent à nos partages d'ascendants ne sont soumis à aucun droit. (*Bulletin de statistique et de législation comparée*, année 1889, p. 260.) En Prusse, les lois fiscales sont empreintes de la plus grande modération et de la plus stricte équité. On ne trouve pas à la base des règles de perception ces incohérences et ces fictions que nous avons signalées plus haut dans notre législation ; et l'on n'y voit pas, comme chez nous, le fisc se couvrir

---

(1) Chambre. Annexes 1894, 968. Projet de la commission du budget de 1895, repris par le Gouvernement pour 1896.
(2) Art. 1 du projet de loi.

d'immunités ou de présomptions dont le bénéfice soit refusé aux contribuables. La loi du 12 juin 1891 sur les successions est un modèle dont nos législateurs feraient bien de s'inspirer. Enfin le gouvernement colombien, voulant multiplier et favoriser les transactions, ne trouvait pas de moyen plus efficace que l'abaissement des tarifs. (Loi du 12 novembre 1890.)

M. Paul Bert était obligé de reconnaître que nulle part les droits de mutation ne sont aussi élevés qu'en France.(Chambre. Annexes, 1885, p. 270.)

Que le Parlement se préoccupe donc de corriger notre législation fiscale dans ce sens et son intervention sera efficace et bienfaisante. Pour le surplus, l'initiative individuelle, la libre association et les mœurs financières restent souverains.

Et pour conclure, je dirai :

Les règles de perception appliquées aujourd'hui au partage d'ascendant, en ce qui concerne le droit de soulte et le droit de partage, ne conviennent ni à la nature juridique de cet acte, ni à sa fonction économique. Car théoriquement elles sont fondées sur l'arbitraire et la fiction; pratiquement elles nuisent au développement de la richesse agricole. La loi du 16 juin 1824, au contraire, avait su concilier les exigences du fisc avec la vérité juridique et les intérêts patrimoniaux. Mais la loi de 1850, d'abord, la jurisprudence ensuite, sont venues paralyser les effets de ces sages dispositions. Donc, ramener le régime actuel au système de 1824, ce serait faire œuvre tout à la fois de raison, d'utilité pratique, de progrès social.

Louis FOURNIÉ,
Avocat à la Cour d'appel de Paris.

PARIS. — IMPRIMERIE F. LEVÉ, RUE CASSETTE, 17.

ÉCOLE DE LA PAIX SOCIALE

1ʳᵉ SECTION — Œuvres de **Le Play**, éditées à Tours par MM. A. MAME et fils

Les Ouvriers européens. 6 vol. in-8° (vendus séparément)............	39 fr.
La Réforme sociale en France. 3 vol. in-18........................	5 fr.
L'organisation du travail. 5° édition. 1 vol. in-18.................	2 fr.
L'organisation de la famille. 1 vol. in-18.........................	2 fr.
La Paix sociale après les désastres de 1871. 1 brochure in-18........	0 fr. 60
La Correspondance sociale. 9 brochures in-18......................	2 fr.
La Constitution de l'Angleterre. 2 vol. in-18......................	4 fr.
La Réforme en Europe et le salut en France. 1 vol in-18............	1 fr. 50
La Constitution essentielle de l'humanité. 1 vol. in-18.............	2 fr.
La Question sociale au XIXᵉ siècle. 1 brochure in-18...............	0 fr. 30
L'École de la paix sociale. 1 brochure in-18......................	0 fr. 20

IIᵉ SECTION. — Publications de la Société d'Économie sociale

Les Ouvriers des deux mondes. 1ʳᵉ série, 5 vol. in-18...............	65 fr.
2ᵉ série ; ch. tome 15 fr., t. IV, en cours ; chaque monographie.	2 fr.
Instruction sur la méthode des monographies. Nouv. édit. 1 vol. in-8°..	2 fr.
Bulletin des séances de la Société d'Économie sociale. 1ʳᵉ série 9 vol. in-8°	68 fr.
La Réforme sociale. 1ʳᵉ série (1881-1885), 10 vol. in 8°.............	80 fr.
2ᵉ série (1886-1890), ch. vol. 5 fr. — 3ᵉ série, chaq. vol.......	7 fr.
Annuaires des Unions et de l'Économie sociale, 5 vol...............	15 fr.
Exp. de 1867. Rapport sur les ateliers qui conservent la paix sociale. in-8°.	1 fr.
La Réforme sociale et le centenaire de la Révolution. Travaux du Congrès de 1889, avec une lettre-préface de M. Taine, et une introduction sur les principes de 1789, l'ancien régime et la Révolution. In-8°(*en petit nombre*)....................	10 fr.
Les Unions de la paix sociale leur programme d'action et leur méthode d'enquête, par A. DELAIRE. secrétaire général des Unions. 4ᵉ édit. br. in-32	0 fr. 15

BIBLIOTHÈQUE ANNEXÉE

F. LE PLAY. Choix de ses œuvres avec une biographie par M. AUBURTIN et un portrait 1 vol. in-16, cart. LXXIV - 254 pages............... — 1 fr. 75

CH. DE RIBBE. Les Familles et la Société en France avant la Révolution d'après des documents originaux : 4° édition, 2 vol. in-12. 4 fr. — La Vie domestique, ses modèles et ses règles. 2 vol. in-12. 6 fr. — Une famille au XVIᵉ siècle. 1 vol. in-12. 2 fr. — Le Livre de Famille. 1 vol. in-12. 2fr. — Le Play d'après sa correspondance. 1 vol. in-18. Pour les membres, 1 fr. 60 ; pour le public........................... — 3 fr. 50

CLAUDIO JANNET. Les États-Unis contemporains, avec une lettre de M. F. Le Play : 4ᵉ édit., 2 vol. in-12. 8 fr. — Le Code civil et les réformes indispensables à la liberté des familles. 1 br. in-18. 0 fr. 30. — Le socialisme d'État et la réforme sociale, 2ᵉ édit. 1 vol. in-8°, 7 fr. 50. — Le Capital, la Finance et la Spéculation,.................... — 8 fr.

JULES MICHEL. Manuel d'économie politique et sociale, 1 vol. in-12...... — 2 fr.

Comte DE BUTENVAL. Les lois de successions appréciées dans leurs effets économiques par les Chambres de commerce de France. 4ᵉ édit. 1 vol. in-18................... — 0 fr. 60

FERRAND. Les Institutions administratives en France et à l'étranger. 1 v. 6 fr. — Les Pays libres (ouvrage couronné par l'Institut). 1 vol. in-18. — 3 fr. 50

Léon LEFÉBURE. Le Devoir social. 1 vol in-12.................... — 3 fr.

G. PICOT, de l'Institut. Un Devoir social et les logements ouvriers. 1 vol. in-18................... — 1 fr.

Comte DE BOUSIES. Les lois successorales dans la société contemporaine. 1 vol. in-8°, 2 fr. 50. — Le Collectivisme et ses conséquences.. — 2 fr. 50

P. DU MAROUSSEM. La Question ouvrière : 3 vol. in-8° avec trois préfaces de M. FUNCK-BRENTANO. — I. Les Charpentiers de Paris ; II. Ébénistes du faubourg Saint-Antoine ; III. Le Jouet parisien. — Ch. vol........ — 6 fr.

A. COSTE. Alcoolisme et Épargne, 2ᵉ édition, in-32................. — 0 fr. 50

LA RÉFORME SOCIALE

REVUE BI-MENSUELLE FONDÉE PAR F. LE PLAY EN 1881

La Réforme sociale étudie les problèmes économiques et sociaux qui tiennent aujourd'hui le premier rang dans les préoccupations de l'opinion publique. Elle en demande la solution à l'observation des faits et à la pratique des lois morales, selon la méthode de F. Le Play, en dehors de tout esprit de parti et de toute théorie préconçue. Elle préconise tout un ensemble de réformes dont le cours des événements démontre de plus en plus l'urgente nécessité, et auxquelles se rallient chaque jour les esprits les plus éminents. Grâce à la sympathie grandissante que lui a témoignée le public éclairé, elle a pu, en commençant sa 3e série, prendre des développements considérables.

La Réforme sociale paraît le 1er et le 16 de chaque mois par fascicule in-8° de 80 pages, et forme par an deux forts volumes de 900 à 1000 pages chacun, complétés par des tables analytiques.

Une bibliographie méthodique analyse, au point de vue social, tous les recueils périodiques importants de la France et de l'étranger, ainsi que les publications nouvelles. Par cette innovation *la Réforme sociale* est devenue le guide le plus utile pour ceux que leur profession ou leurs études obligent à être rapidement et sûrement renseignés sur le mouvement social contemporain.

Conditions d'abonnement. — France : un an, **20** fr. ; six mois, **11** fr. — Union postale : un an, **25** fr. ; six mois, **14** fr. — En dehors de l'Union postale, port en plus.

Les membres des Unions de la Paix sociale reçoivent la *Réforme sociale* au prix réduit de **15** fr. (v. la notice sur les Unions).

Bureaux : Rue de Seine, 54.

LES OUVRIERS DES DEUX MONDES

ÉTUDES SUR LES TRAVAUX, LA VIE DOMESTIQUE & LA CONDITION MORALE DES POPULATIONS OUVRIÈRES.

DEUXIÈME SÉRIE — Tome IV. — Prix : 15 francs.

Dernières monographies parues : *Ajusteur surveillant à l'usine de Guise ; Ébéniste parisien ; Métayer du Texas ; Ouvrière en jouets parisiens ; Savetier de Bâle ; Ouvrier employé de la Papeterie coopérative d'Angoulême ; Fermiers du Forez, etc.*

Commencée en 1856, sur le vœu émis par l'Académie des Sciences en couronnant les *Ouvriers européens* de F. Le Play, cette publication réunit, sous la forme de monographies de familles avec budgets domestiques et tableaux statistiques, des documents du plus haut intérêt pour l'histoire des faits économiques et la discussion des questions sociales.

Il paraît un fascicule tous les trois mois. Prix : **2** fr. En souscrivant d'avance : **1** fr. **50.** Le Tome V est en cours.

INSTRUCTION SUR LA MÉTHODE D'OBSERVATION dite des **monographies de familles.** 2° édition, revue et développée par AD. FOCILLON, avec specimens de monographies. In-8° de 208 p. . . . . **2** fr.

Paris. — Imprimerie F. Levé rue Cassette, 17.